MW01205721

1

Aprender imaginario diccionario básico

Español Hebreo

nipotina

נֶכדָה

nonna

סַבתָא

nipote

נֶכֶד

madre

אִמָא

nipote

אחיין

nipote

אחיינית

sorella

אָחוֹת

figlio

בֵּן

figliastra

בת חורגת

matrigna	figliastro	zio

אמא חורגת	בֶּן חוֹרֵג	דוֹד

ciotola	tazza	piatto

קְעָרָה	גָּבִיעַ	צַלַחַת

forchetta	bicchiere	coltello

מזלג	זכוכית	סַכִּין

boccale

ספל

tovagliolo

מַפִּית

pepe
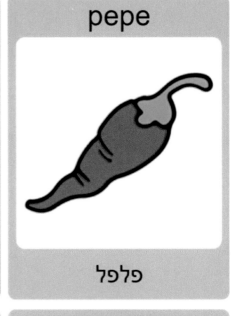
פלפל

brocca

כַּד

piatto

צַלַחַת

insalata

סלט

sale

מלח

piattino

צַלַחַת

cucchiaio

כף

zucchero

סוכר

domenica

Sunday

יוֹם רִאשׁוֹן

lunedi

Monday

יוֹם שֵׁנִי

martedì

Tuesday

יוֹם שְׁלִישִׁי

mercoledì

Wednesday

יום רביעי

giovedi

Thursday

יוֹם חֲמִישִׁי

venerdì

Friday

יוֹם שִׁישִׁי

sabato

Saturday

יום שבת

infornare

לֶאֱפוֹת

bollire	cuocere	apriscatole
רְתִיחָה	לִצְלוֹת	פותחן

friggere	griglia	misurino
לטגן	גְּרִיל	כוס מדידה

misurino	microonde	terrina
כף מדידה	מיקרוגל	קערת ערבוב

tovaglioli di carta

מגבות נייר

bracconaggio di

ציד ביצה

presina

בעל סיר

arrosto

צָלִי

mattarello

מערוך

corsa

לְטרוֹף

cuocere a fuoco

רְתִיחָה

coltello

סַכִּין

cucchiaio

כף

spatola

מָרִית

vapore

קִיטוֹר

filtro

מְסנֶנֶת

timer

שָׁעוֹן עֶצֶר

forchetta

מזלג

tostapane

טוֹסטֶר

bollitore

קוּמקוּם

frigorifero

מְקָרֵר

miscelatore

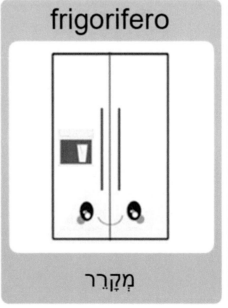

מַמחֶה

armadietti

ארונות

credenza

אָרוֹן

microonde

מיקרוגל

indietro

חזור

guance

לחיים

il petto

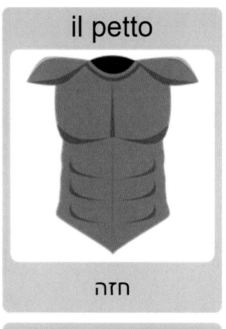

חזה

mento

סַנְטֵר

orecchie

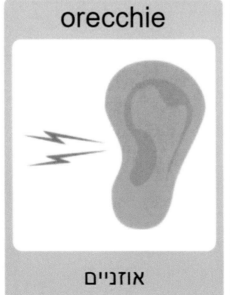

אוזניים

sopracciglia

גבות

occhi

עיניים

piedi

רגליים

dita

אצבעות

piede

כף רגל

fronte

מצח

capelli

שיער

mani

ידיים

testa

רֹאשׁ

fianchi

מָתנַיִם

ginocchia
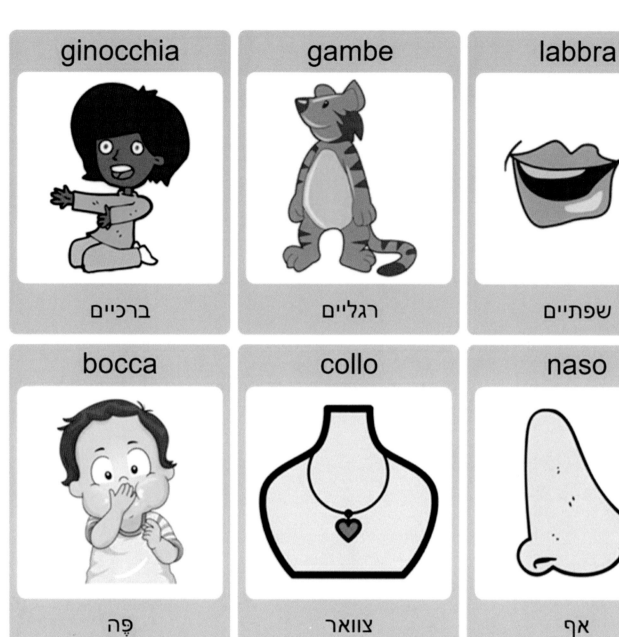
ברכיים

gambe
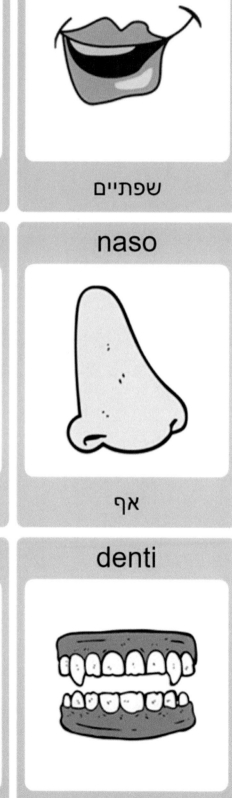
רגליים

labbra

שפתיים

bocca

פֶּה

collo

צוואר

naso

אף

le spalle

כתפיים

stomaco

בֶּטֶן

denti
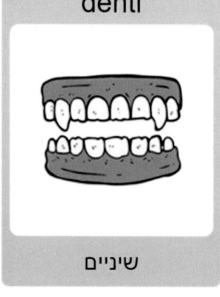
שיניים

gola

גרון

dita dei piedi

אצבעות רגליים

lingua

לָשׁוֹן

dente

שן

vita

מוֹתֶן

tuta da lavoro

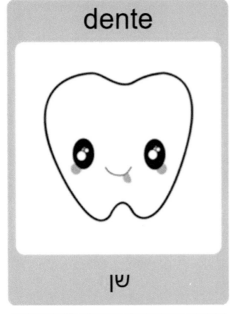

סרבלים

mittens

כְּסָיוֹת

beanie

כִּפָּה

grembiule

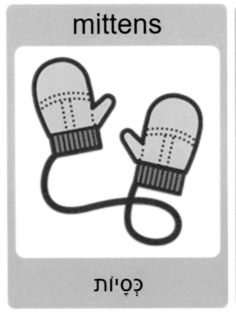

סינר

bambola

בּוּבָּה

sonagli

רַעֲשָׁנִים

giocattolo

צַעֲצוּעַ

pannolino

לְחַתֵּל

culla di vimini

באסינט

bavaglino

ביב

ottagono

מְתוּמָן

triangolo

משולש

piazza

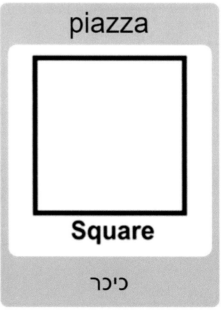

Square

כיכר

cerchio

מעגל

ovale

סְגַלגַל

cuore

לֵב

attraversare

לַחֲצוֹת

freccia

חֵץ

cubo

קוּבִּיָה

stella

כוכב

tiro con l'arco

קַשְׁתוּת

badminton

נוצית

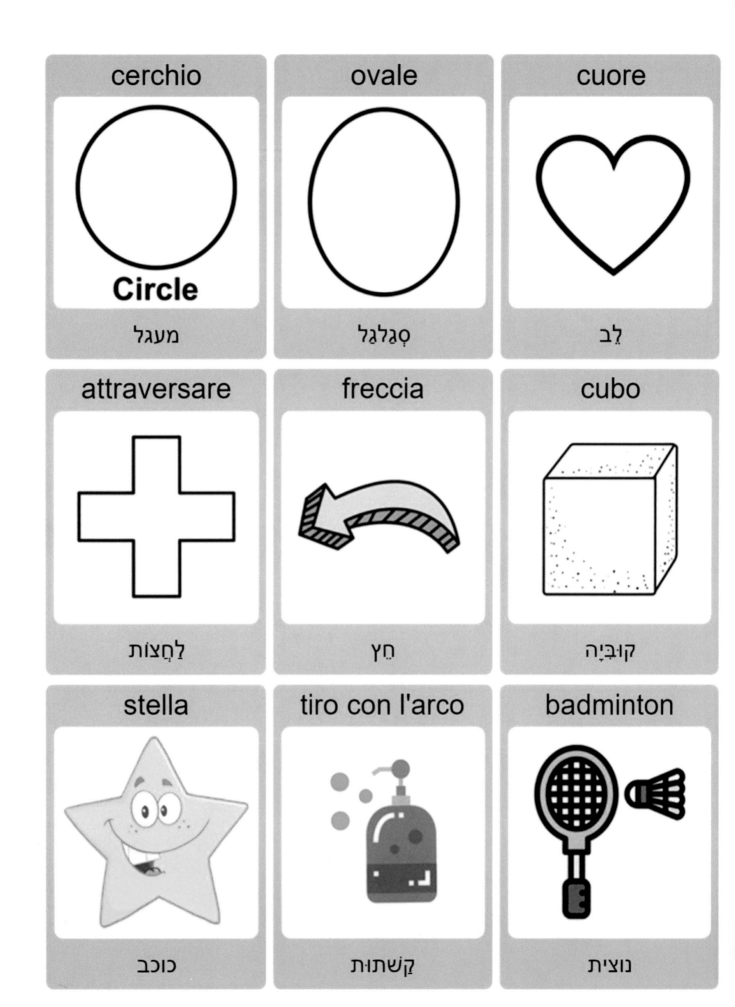

cricket

קְרִיקֶט

bowling

בָּאוּלִינְג

boxe

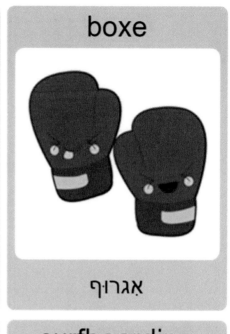

אִגְרוּף

tennis

טֶנִיס

andare con lo

רכיבה על סקייטבורד

surfboarding

גלישת גלים

hockey

הוֹקֵי

yoga

יוֹגָה

scherma

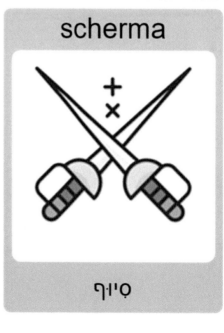

סִיּוּף

fitness	ginnastica	karatè

כושר	התעמלות	קָרָטֶה

pallavolo	sollevamento	pallacanestro

כַּדּוּר עָף	הרמת משקולות	כדורסל

baseball	rugby	lotta
	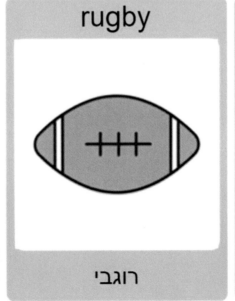	
בייסבול	רוגבי	הַאָבְקוּת

corse

מירוץ מכוניות

ciclismo

רכיבה על אופניים

in esecuzione

רץ

tennis da tavolo

טניס שולחן

pesca

דיג

judo

ג'ודו

arrampicata

טיפוס

tiro

צילומים

golf

גולף

cavalcata	siediti	in piedi

נסיעה	לשבת	תעמוד

combattimento	ridere	leggere

מַאֲבָק	לִצְחוֹק	לקרוא

giocare	ascolta	piangere

לְשַׂחֵק	להקשיב	בוכה

pensare	cantare	guardare la tv

לַחְשׁוֹב	לָשִׁיר	צופה בטלוויזיה

danza	accendere	spegni
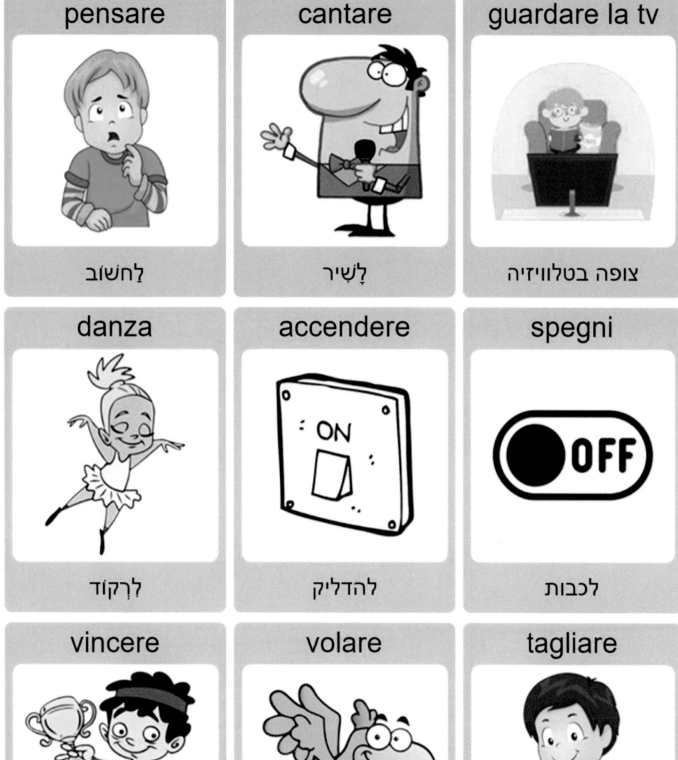		
לִרְקֹוד	להדליק	לכבות

vincere	volare	tagliare

לנצח	לטוס, זבוב	גזירה

buttar via

לזרוק

dormire

לִישׁוֹן

vicino

סגור

aperto

לִפְתּוֹחַ

scrivi

לִכתוֹב

dare

לָתֵת

saltare

קְפִיצָה

mangiare

לאכול

bevanda

לִשְׁתוֹת

cucinare

לְבַשֵּׁל

lavaggio

לִשְׁטוֹף

aspettare

לַחֲכוֹת

scalata

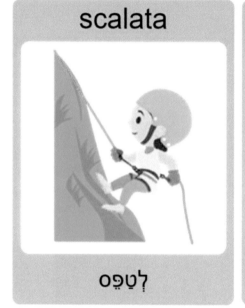

לְטַפֵּס

parlare

דבר

strisciare

לִזחול

sognare

חולם

scavare

לַחפּוֹר

applaudire

לִטפּוֹחַ

knit

לִסְרוֹג

cucire
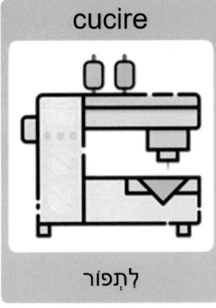
לִתְפּוֹר

odore

רֵיחַ

bacio

נְשִׁיקָה

abbraccio

לְחַבֵּק

russare

לִנְחוֹר

fare il bagno

לִרְחוֹץ

inchinarsi

הַרְכָּנָה

dipingere

צֶבַע

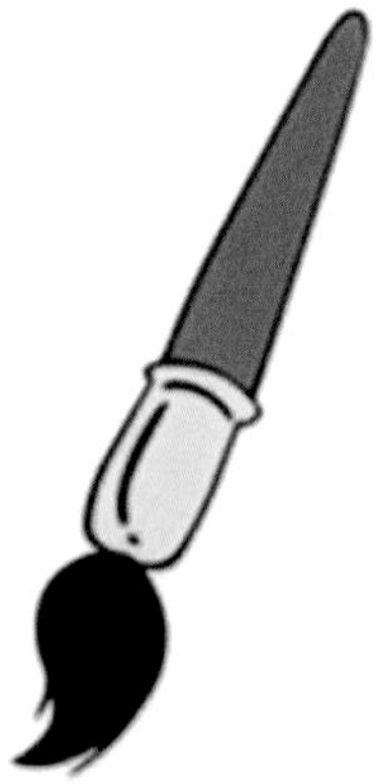

tuffo

לִצְלוֹל

sciare

סקִי

pila

לַעֲרוֹם

acquistare

לִקְנוֹת

agitare

לְנַעֵר

programmatore

מְתַכְנֵת

veterinario

וֵטֵרִינָר

venditore

רוכל

minatore

כּוֹרֶה

insegnante

מוֹרֶה

fattorino

בלוי

altoparlante

רַמקוֹל

macellaio

קַצָּב

farmacista

רוֹקֵחַ

addetto alla

פְּקִיד קַבָּלָה

politico

פּוֹלִיטִיקָאִי

guida turistica

מדריך טיולים

imprenditore

יזם

ballerino classico

רקדן בלט

astronauta

אַסטרוֹנָאוּט

giudice

לִשְׁפּוֹט

avvocato

עורך דין

cassiere

קופאית

tassista

נהג מונית

idraulico

שרברב

musicista

מוּסִיקָאִי

capocuoco

שֶׁף

panettiere	artista	attore

אוֹפֶה	אמן	שַׂחְקָן

barista	parrucchiere	vescovi

ברמן	מעצבת שיער	בישופים

ottico	fioraio	scrittore

אוֹפְטִיקַאִי	מוֹכֵר פְּרָחִים	סוֹפֵר

contabile	vino	caffè

רואת חשבון	יַיִן	קפה

limonata	cioccolata calda	frappè

לימונדה	שוקו חם	מילקשייק

acqua	tè	latte

מים	תה	חלב

birra

בירה

bibita

סודה

smoothie

אָדָם חֲלַקְלַק

frappè

מילקשייק

latte di cocco

חלב קוקוס

succo d'arancia

מיץ תפוזים

cacao

קקאו

formaggio

גבינה

uovo
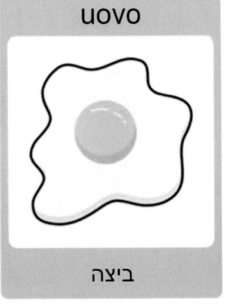
ביצה

burro

חמאה

margarina

מרגרינה

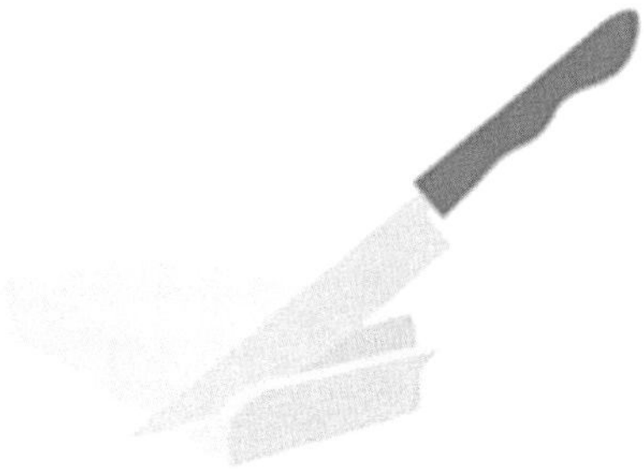

yogurt

יוגורט

fiocchi di latte

גבינת קוטג

gelato

גלידה

crema

קרם

sandwich

כריך

salsiccia

נקניק

hamburger

המבורגר

hot dog

נקניקיה

pane

לחם

pizza

פיצה

bistecca

סטייק

pollo arrosto

תרנגול צלוי

pesce

דג

frutti di mare

פירות ים

prosciutto

חזיר

kebab

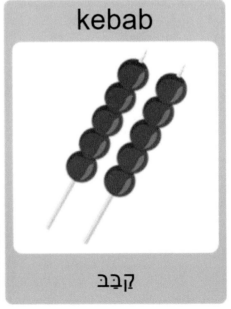

קַבָּב

bacon

בייקון

panna acida

שמנת חמוצה

mucca

פָּרָה

coniglio

ארנב

anatra

ברווז

gamberetto

שרימפ

maiale

חֲזִיר

ape

דבורה

capra

עֵז

granchio

סרטן

cervo

צְבִי

tacchino

טורקיה

colomba

יוֹנָה

pecora

כבשים

pesce

דג

pollo

עוף

cavallo

סוּס

sedia

כִּסֵּא

supporto della

מעמד טלוויזיה

divano

סַפָּה

cuscini

כריות

telefono

טֵלֵפוֹן

televisione

טֵלֶוִיזְיָה

altoparlanti

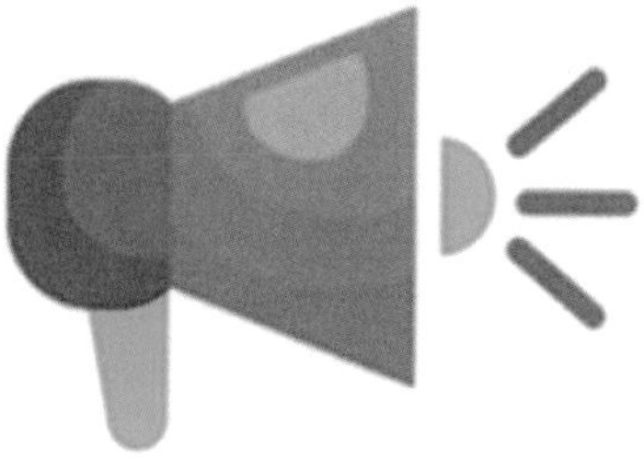

רמקולים

tavolino

שולחן צדדי

servizio da tè

סט תה

camino

אָח

telecomandi	ventilatore	lampada da

מרחוק	מאוורר חשמלי	מנורת רצפה

tappeto	banchi	blinds

שָׁטִיחַ	שולחנות עבודה	תריסים

le tende	immagine	vaso

וילונות	תְּמוּנָה	אֲגַרְטֵל

orologio

שָׁעוֹן

cuscino
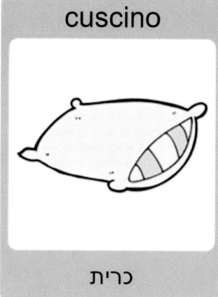
כרית

appendiabiti

קולב כובע

tovaglia

שולחן איפור

lampada da

מנורת שולחן

specchio

מַרְאָה

tavolo da stiro

קרש גיהוץ

scatola con

תיבה עם מגירה

comodino

ארונית

letto

מיטה

condizionatore

מזגן

brocca

כד

dentifricio

משחת שיניים

spazzolino

מִברֶשֶׁת שִׁנַיִם

sapone

סַבּוֹן

molletta

כביסה

appendiabiti

קוֹלֶב

asciugacapelli

מייבש שיער

shampoo

שַׁמפּוֹ

bolla

בּוּעָה

spazzola

מִברֶשֶׁת

carta igienica

נייר טואלט

asciugamano

מַגֶּבֶת

clothesline

קו בגדים

doccia

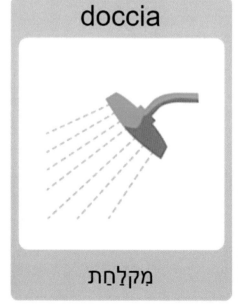

מִקלַחַת

vasca da bagno

אַמבַּטְיָה

detersivo per il

אבקת כביסה

secchio	mops	sapone liquido
		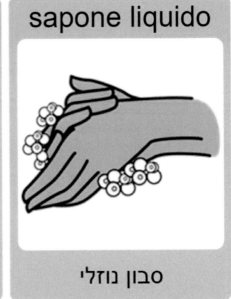
דְּלִי	מגבים	סבון נוזלי

detersivo in	sacchetto della	cestino
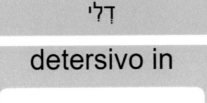		
אבקת כביסה	שקית אשפה	פח אשפה

lavelli	water	lavatrice

כיורים	אסלה	מכונת כביסה

cesto della

סל כביסה

rasoio

סכין גילוח

rasoio elettrico

תער חשמלי

schiuma da

קרם גילוח

collutorio

שטיפת פה

cotton fioc

ניצן כותנה

spazzola per

מברשת שיער

pettine

מַסרֵק

detersivo

ניקוי

Made in the USA
Coppell, TX
15 May 2024

32430259R00024

MONTESSORI

A robust vocabulary improves all areas of communication — listening, speaking, reading and writing. Vocabulary is critical to a child's success for these reasons: ... The size of a child's vocabulary in kindergarten predicts the ability to learn to read. Vocabulary helps children to think and learn about the world.

ISBN 9798524974044

9798524974044

100 - DAY MEAL PLAN

RENAL DIET

COOKBOOK **2025**
EASY TO FOLLOW

2000 +
days of health

Joyna E. Dwait
Pubblications

AFFORDABLE INGREDIENTS